COLECCIÓN PACHAMAMA

Tragedia en el golfo

A todos los rescatistas, organizaciones
y personas que trabajaron arduamente
salvando la vida de las diversas especies
afectadas por la tragedia en el golfo de México

Escrito e ilustrado
Written and illustrated
Tere Marichal-Lugo

Tragedy in the Gulf

To all rescue workers, organizations,
and people who worked hard saving wildlife
affected by the tragedy in the Gulf of Mexico

Agradecimientos:

A Eduardo Aguiar, Flavia Lugo de Marichal, Poli Marichal, Deborah Hunt, Miriam Marcano, Margarita Torres, Miguel González y Rafael Pagán.

A mis nietos
Javi, Kenny y Sebas, con todo mi amor

Acknowledgements:

To Eduardo Aguiar, Flavia Lugo de Marichal, Poli Marichal, Deborah Hunt, Miriam Marcano, Margarita Torres, Miguel González and Rafael Pagán.

To my grandsons,
Javi, Kenny, and Sebas, with all my love

Tragedia en el golfo es un texto original de
Tere Marichal Lugo.
Derechos Reservados 2014
San Juan, Puerto Rico

Para información:
maria.marichal@gmail.com
© Texto: Tere Marichal-Lugo
© Ilustraciones: Tere Marichal-Lugo
   email:maria.marichal@gmail.com

Tragedy in the Gulf is an original text by
Tere Marichal Lugo.
Copyright 2014
San Juan, Puerrto Rico

for more information:
maria.marichal@gmail.com

© Text: Tere Marichal-Lugo
© Illustrations: Tere Marichal-Lugo
   email:maria.marichal@gmail.com

COLECCIÓN PACHAMAMA

ISBN-13: 978-1508602484
ISBN-10: 1508602484

El golfo de México

Las cálidas aguas del golfo de México y del mar Caribe albergan uno de los ecosistemas más espectaculares y con mayor diversidad biológica de la Tierra. En éste hay muchas especies que llegan a refugiarse en sus estaciones de crianza, anidamiento, desove y alimentación. También lo usan como lugar de descanso durante su ciclo migratorio.

Hace unos años en el golfo de México sucedió algo terrible. Un accidente alteró toda la armonía de aquel ecosistema. Papá Pelícano y su familia fueron testigos de aquel suceso tan triste que hoy te contaré.

The Gulf of Mexico

The warm waters of the Gulf of Mexico and the Caribbean Sea contain one of the most spectacular and biologically diverse ecosystems on Earth. It is an important ecosystem for the many species that arrive there looking for shelter in their breeding, nesting, spawning, and feeding seasons. They also use it as a resting place during their migratory cycles.

A few years ago, something terrible happened in the Gulf of Mexico. An accident altered the harmony of thr entire ecosystem Father Pelican and his family witnessed the sad event that I will tell you about today.

¡Hay algarabía en los mares y océanos! Es época de aparearse y anidar. Delfines, atunes, tortugas y muchas otras especies marinas se preparan para comenzar su larga travesía en busca de las cálidas aguas del golfo de México.

The seas and oceans are alive with excitement! It is time to mate and nest. Dolphins, tuna, turtles, and many other marine species are preparing to begin their long journey in search of the warmer waters of the Gulf of Mexico.

—¡Nademos velozmente, nos esperan las templadas aguas del golfo!
— decía Thunnus maccoyii, el atún de aleta azul, a un grupo de amigos
y familiares que se habían reunido para realizar la larga travesía.

"Let's swim quickly the warm Gulf waters are waiting for us!"
said Thunnus maccoyii, the blue tail tuna, to a group of friends and
relatives who had gathered to make the long journey.

Las "embajadoras de los mares", las amistosas tortugas marinas, también se unieron al grupo, moviendo sus poderosas aletas para llegar a tiempo a las cálidas playas donde anidarán.

The "ambassadors of the seas", the friendly sea turtles, also joined the group, moving their powerful fins to arrive on time at the warm beaches where they would lay their eggs.

En su nido en el manglar, Mamá Pelícano
despertó con el chillido de sus hambrientas crías.

—¡Queremos comida! ¡Queremos comida!
— chillaban sin cesar.

Papá Pelícano salió rápidamente para buscar
alimento y saciar el apetito voraz de sus crías.

In her nest in the mangrove swamp, Mother Pelican woke to the cries of her hungry offspring.

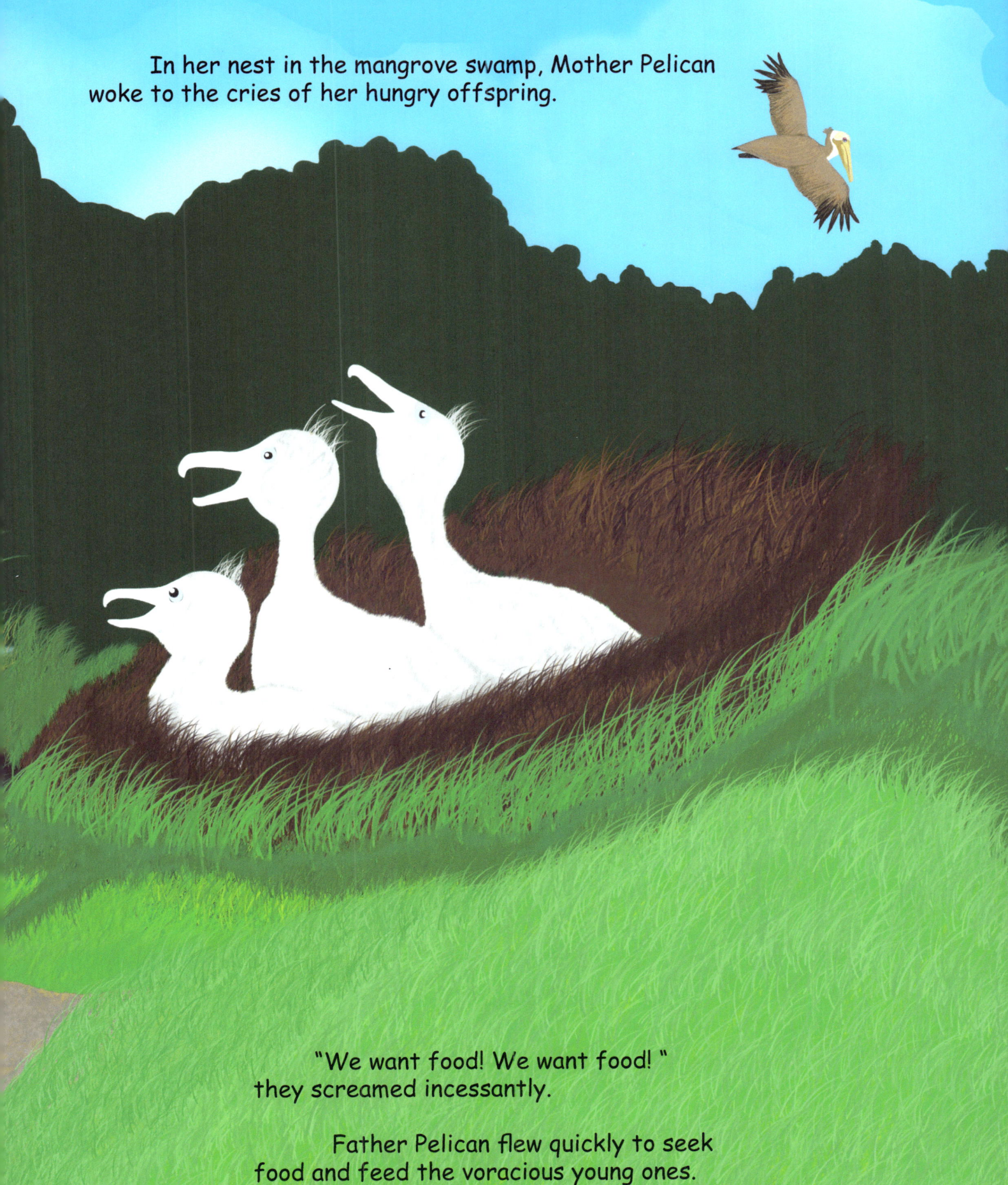

"We want food! We want food!"
they screamed incessantly.

Father Pelican flew quickly to seek
food and feed the voracious young ones.

Daba la impresión de que éste sería otro día maravilloso en la cuenca del golfo.

It seemed this would be another wonderful day in the Gulf basin.

Pero no fue así. La noche anterior, Deepwater Horizon, una plataforma petrolera de la compañía British Petroleum, había hecho explosión y ardía en el golfo de México. La explosión provocó un grave efluvio de petróleo ocasionado por una ruptura en las tuberías sumergidas en el mar y la plataforma probablemente se hundiría.

But it was not to be. The night before, Deepwater Horizon, a British Petroleum oil rig platform, had exploded in flames in the Gulf of Mexico. The explosion caused a rupture of the underwater pipes, that spewed oil into the sea. The platform would probably sink into the sea.

A medida que Papá Pelícano sobrevolaba la costa buscando alimento, comenzó a sentir un calor pesado y sofocante.

—¡Auxilio! ¡El mar se está quemando! ¡Qué horror! Hay una mancha oscura que se desliza sobre el mar, ensuciando el agua —observó Papá Pelícano.

As he was flying over the coast searching for food, Father Pelican felt a heavy and suffocating heat.

"Help! The sea is burning! How awful! A dark stain is spreading over the sea surface, polluting the water" thought Father Pelican.

Con su poderosa vista, Papá Pelícano pudo divisar las bandas migratorias que se dirigían al golfo en su anual retorno y avanzó a prevenirlas.

—¡Regresen! ¡Vuelvan al norte! ¡Una enorme mancha oscura de muerte está cubriendo el mar! ¡Den la vuelta, por favor! ¡No vayan al golfo! —gritaba desesperado Papá Pelícano mientras agitaba sus alas, pero los animales marinos no pudieron escucharlo.

With his powerful eyesight, Father Pelican saw the migratory bands that headed for the Gulf and flew faster to warn them.

"Go back! Turn around! A huge, dark and deadly stain is covering the sea! Turn around, please! Do not go to the Gulf!", he cried out desperately as he flapped his wings, but the marine animals could not hear him.

17

A medida que se adentraban en las cálidas aguas del golfo de México, delfines, atunes, tortugas y todo tipo de vida marina iba quedando atrapado en una enorme y mortal mancha de petróleo.

As they entered the warm gulf waters, dolphins, tunas, sea turtles and all kinds of marine life were caught in a huge and deadly dark blanket of crude oil.

De momento, todo fue caos y oscuridad, agonía y desolación.

All of a sudden, everything was chaos and darkness, agony and desolation.

Una profunda tristeza invadió a Papá Pelícano. Se dio cuenta de que la oscura mancha no se detendría y pronto llegaría a la costa. Tenía que volver rápidamente al manglar para salvar a su familia.

A huge sadness came over Father Pelican. He realized that the dark stain would not stop and would soon reach the coast. He had to rush back to the mangrove swamp and save his family.

Al descender vio su hábitat destruido. Las aves y plantas estaban cubiertas con aceite. Papá Pelícano comenzó a buscar a su familia pero no la encontró. El verde y denso manglar que era su hogar estaba ahora cubierto de aceite. Se sintió desolado, solo e indefenso.

As he descended, he saw his habitat destroyed. Birds and plants were covered with oil. Father Pelican searched for his family but he did not find them. The dense green and thick mangrove swamp that was his home was now covered with oil. Father Pelican felt desolate, lonely, and helpless.

De repente, Papá Pelícano cayó en un charco de aceite. Los rescatistas que habían acudido a la zona para salvar a los animales, lo divisaron y fueron a rescatarlo.

Suddenly, Father Pelican fell into the mass of oil. Rescuers who had come to the area to save the animals, saw him and came to his aid.

Papá Pelícano temblaba de frío. Intentaba emitir algún sonido pero se le hacía difícil respirar.

—Vamos, amigo Pelícano, estamos aquí para ayudarte.

—Sabemos que estás nervioso y adolorido, pero pronto estarás bien. Confía en nosotros — le decía la rescatista mientras lo consolaba.

Father Pelican was shivering from the cold. He tried to emit a sound but it was difficult to breathe.

"Come now Pelican friend, we are here to help you".

"We know you are nervous and hurt, but you will be fine. Trust us", said the rescuer as she reassured him.

Cuando llegaron al refugio, Papá Pelícano vio a otros pelícanos.
Buscó a su familia pero no la encontró.

When they reached the shelter, Father Pelican saw other pelicans.
He searched for his family but could find no one.

Pensaba en su familia y se sintió completamente desconsolado y triste. No podía perder tiempo. Tenía que recuperarse pronto para ir en su búsqueda.

He thought about his family and was overwhelmed
by sadness. He could not waste time. He had to recover soon,
so he could keep searching.

Cuando Papá Pelícano sanó, salió a volar por la costa en busca de su familia.

Estaba muy triste porque pensaba que nunca más los vería. En aquella terrible tragedia otros pelícanos habían perdido a sus seres queridos.

De pronto Papá Pelícano divisó a lo lejos cuatro aves que caminaban por la playa y bajó para verlas de cerca.

When Father Pelican healed, he went flying over the coast looking for his family.

He realized he might not see them ever again and was very sad. In that terrible tragedy other pelicans and many more species lost their dear ones.

Suddenly Father Pelican saw four birds walking by the shore and descended to get a better look.

Cuando llegó a la playa se llevó tremenda sorpresa.
Las cuatro aves eran Mamá Pelícano y sus tres hijos.
¡Por fin los había encontrado!

Te cuento su historia para que nunca la olvides
y la sigas contando a otros que también seguirán contándola
y dirán al igual que yo:

¡Larga vida a Papá Pelícano y su familia!
¡Lucharemos para proteger el planeta Tierra!

Y como dice el gran Océano
"las olas vienen, las olas van
y se llevan los cuentos
a navegar."

There at the beach was a big surprise waiting for him.
The four birds were Mother Pelican and their sons.
At last he had found his family!

I tell you this story so you never forget it
and retell it to others who will also pass it along,
and declare with me:

"Long life to Father Pelican and his family!
We will fight to protect our Planet Earth!"

And as the great Lord Ocean says
"and the ebb and flow of waves
stories sail faraway".

Los mares y océanos te necesitan

Cuando te enfermas, te sientes débil y sin deseos de jugar, estudiar o alimentarte. Los mares y océanos también se enferman porque son sistemas vivos, al igual que tú.

El 80 por ciento de la vida del Planeta puede ser encontrada en mares y océanos. Estos son de gran beneficio para la humanidad, nos proveen oxígeno y alimentos.

Los océanos nos proporcionan recursos vitales, además de que ayudan a que circulen armoniosamente, flujos de energía y masas de agua que hacen que la vida sea posible en nuestro amado planeta Tierra.

Sin los océanos no habría vida en la Tierra. Por esta razón no podemos continuar explotándolos de la manera en que se ha hecho hasta el presente. Los mares y océanos se están enfermando y tenemos que cuidarlos.

Defender los océanos y mares es una prioridad porque sin ellos, la vida en la Tierra no es posible.

Nuestra vida depende de ellos.

Glosario:
anidar: Hacer nido o vivir en él.

aparearse: Unir sexualmente a un animal macho con la hembra con el fin de que se reproduzcan.

British Petroleum: Una de las mayores compañías de energía, dedicada a la producción de petróleo y al gas natural, cuya sede está en Londres, Reino Unido.

ciclo migratorio: Movimientos masivos de algunos animales para alejarse de fuertes inviernos o veranos; otros lo hacen buscando un lugar apropiado para su reproducción, para huir de sus predadores; otras especies lo hacen para procurarse alimentos.

cuenca: Territorio cuyas aguas afluyen todas al mismo río, lago o mar.

desovar: Soltar sus huevos las hembras de los peces, anfibios e insectos.

The seas and oceans need your help

When you get sick you feel weak and do not want to play, study or even eat. Seas and oceans also get sick because they are living systems, like you.

Eighty percent of the life on the Planet can be found in seas and oceans. They are very beneficial to humanity, providing oxygen and nutrients.

Oceans provide us with vital resources. They also help the natural circulation of the flows of energy and bodies of water that make life possible on our beloved Earth.

Without the oceans there would be no life on Earth. For this reason we cannot continue exploiting them as we have done until now. The seas and oceans are getting sick and we must take care of them.

Defending the oceans and seas is a priority now because without them, life on Earth is not possible.

Our life depends on them.

Glossary:
nesting: Make a nest or live in it.

mate: Bring together two animals, male and female, for reproduction.

British Petroleum: One of the largest oil and gas companies in the world, headquartered in London, United Kingdom.

migratory cycle: The massive movement of some animals to avoid harsh winters or summers, to look for an appropriate place for reproduction, escape from their predators, or to find food.

basin: A circular or oval valley, or depression of the surface of the ground, the lowest part of which is generally occupied by a lake, or traversed by a river.

spawn: The release or deposit of eggs by female fish, amphibians and insects.

diversidad biológica: Variedad de vida en la tierra, comprendiendo todas las especies de plantas, animales y microorganismos y la variabilidad genética presente en ellos, además de los ecosistemas de los que forman parte.

biological diversity: The variability among living organisms on the Earth, including the variability within and between species and within and between ecosystems.

ecosistema: Sistema biológico formado por una comunidad de seres vivos y el medio ambiente en el que se desarrollan.

ecosystem: A complex community of organisms and its environment functioning as an ecological unit.

efluvio: Emanación que se desprende de un cuerpo.

outpour: To pour out.

especie: Conjunto de individuos, con características semejantes, capaces de cruzarse entre sí y procrearse.

species: A class of individuals having common attributes and designated by a common name and able to procreate.

golfo: Parte del océano o mar, de gran extensión, encerrado por puntas o cabos de tierra.

gulf: A part of an ocean or sea extending into the land.

hábitat: Es el lugar o espacio que reúne las condiciones adecuadas para que una especie pueda residir y reproducirse.

habitat - the place or environment where a plant or animal naturally or normally lives and grows.

manglar: Bosque o selva pantanosa del trópico, se encuentra en aguas costeras, salinas y casi encima de la superficie.

mangrove swamp: A tropical or subtropical marine swamp distinguished by the abundance of low to tall trees, especially mangrove trees.

petróleo: Aceite de color oscuro de origen natural compuesto por diferentes sustancias orgánicas. Se encuentra en grandes cantidades bajo la superficie terrestre y se emplea como combustible y materia prima para la industria química.

petroleum: Dark oil of natural origin comprising various organic substances. It is found in large amounts beneath the earth surface, used as fuel and raw material for the chemical industry.

plataforma petrolera: Instalación ubicada en el mar u océano para sacar petróleo o gas natural del subsuelo marino.

oil rig platform: Large structure located in oceans or seas used to drill wells and extract and process oil and natural gas and export the products to shore

refugio: Lugar para dar acogida, asilo, amparo y protección.

shelter: A place for giving protection.

rescatistas: Personas capacitadas con medios y estrategias para liberar a un ser vivo de un medio peligroso y ponerla a salvo.

rescuer: A person qualified with means and strategies to free a living being from harm or danger.

Thunnus maccoyii: Nombre científico del atún de aleta azul del océano Atlántico. Es uno de los peces más grandes, rápidos y bellamente coloridos del mundo.

Thunnus maccoyii: Scientific name for a southern blue fin tuna. It is a large, fast swimming, pelagic fish found in almost all southern oceans of the world

Muchos seres vivientes murieron o han sido afectados a consecuencia del escape de petróleo en el golfo de México.
Esta tragedia será recordada como uno de los desastres ambientales más terribles en la historia de la humanidad.

Podemos utilizar fuentes de energía renovables para evitar desastres como el de *Deep Water Horizon*.

¡Salvemos los mares y océanos!
¡Salvemos nuestro planeta!

Many living beings died or have been affected as a result of the oil spill in the Gulf of Mexico.
This tragedy will be remembered as one of the most terrible environmental disasters in the history of mankind.

We can use renewable energy sources to avoid disasters such as the *Deepwater Water Horizon* catastrophe.

Let's save the seas and oceans!
Let's save our planet!

www.ingramcontent.com/pod-product-compliance
Lightning Source LLC
Chambersburg PA
CBHW041528280526
45792CB00004B/1421